파아란 떨림으로

파아란 떨림으로

표애자 두번째 시집

해암

| 시인의 말 |

아름다운 가을에 부치는 마음

유난히 고통스런 여름을 견디어 낸 가을은 오색찬란한 빛깔로 손짓을 하고 있다.

미완성에 대한 숙제를 안고 또다시 내 삶의 조각들을 꺼내어 아름다운 가을이 가기 전에 세상으로 내보내려 한다.

꺼져가는 영혼에 생기를 부어 주시고 어둠의 골짜기에서도 작은 빛으로 길을 인도해 주신 하나님의 무한한 사랑이 있었기에 '삶의 이유'를 찾았고 가족의 애틋한 사랑이 있어 고달픈 삶을 견딜 수 있는 힘을 얻게 되었다.

이제 일흔의 고갯길에 서서 나를 사랑해 주는 모든 이들에게 내 작은 마음을 드리고 싶다.

"남 몰래 아낌없는 박수를 보내주며 병고를 억척스

레 잘 견디어 주는 사랑하고 존경하는 나의 남편! 그리고 나의 가족들!"

"채찍질하며 담금질로 문학의 끈을 이어주며 출판하기까지 격려와 함께 편집해 주시느라 아낌없는 승원을 보내주신 스승님!"

"어린 시절 일기쓰기를 가르쳐 주시고 밤마다 위인전이나, 성현들의 이야기를 들려주시며 좋은 책들을 읽게 해 주신 하늘나라에 먼저 가신 나의 아버지!"

"황혼을 아름답게 가꾸어 가는 나의 어르신 제자들!"

이 모든 분들이 존재함으로 내 삶이 풍요로울 수 있음에 감사와 함께 나와 늘 동행해 주신 하나님께 영광을 올립니다.

2014년 10월 아름다운 가을에

시인 표애자

| 차례 |

1_ 나목裸木

2_ 겨울나무

3_ 파아란 떨림으로

4_ 세월이 흐르면서

5_ 내 마음의 노래

1

나목裸木

풍경

세상이 모두 하얗다
밤사이 내린 눈이
무자년戊子年의 슬픈 전설을 덮어버렸다

암울한 생각과
아픈 이야기 묻어버리니
이미 감추어 버린 그림자마저
기억할 수가 없다

태양은 너의 가슴속에서
아름다운 전설을 만들고
바람은
농염한 여인의 향기를 싣고
숲 속에서 춤을 춘다

내 안에 있는
그 어떤 언어보다 화사한
너를
눈을 감은 채
비로소 내 품에 안아본다

산새

작은 몸으로 태어나
세상 부러울 것 없이
자유로울 수 있음이 좋다

배고플 때 열매로 배를 채우고
목마르면 옹달샘에서
목을 축이면 족하지 않은가

말하고 싶으면 노래하며
내일 양식을 위해
등짐을 질 이유도 없다

숲 속에 큰 나무는 땅에 매여
땅속에서 지경을 넓혀
넓은 곳으로 뿌리를 뻗어가고
바위는 클수록 그 자리에 매여 있다

작은 것으로
욕심 없이 자유로울 수 있음은
하늘이
세상을 마음껏 내어주셨기 때문

바람의 소리

바다를 거닐며
거센 파도를 타고 오는 바람소리를 듣는다
하늘과 땅의 숨결이 녹아있는
바다 깊숙한 곳에서 서로를 부대끼며
할퀴고 간 상처가 고스란히 남아
부서지고 깨어지는 저 울음을 듣는가
한겨울 벌거벗은 나무둥치를 붙들고
세파를 견디며 참았던 고통은
작은 가지들의 살점이 떨어져 나가는
이별보다 진한 아픔이 아닌가
무성하던 잎들이 서로를 부둥켜안고
숲을 이루었던 지난날의 열정을 그리워하며
빈 가슴으로 파도가 일렁일 때마다
큰 소리로 외치고 있다
모두 잃어버린다 해도
내일은 태양이 솟아오를 것이라는
애절한 소리를 듣는다

홍매화

혹독한 추위를 견디며
양지마다 온기를 훑어 모아
가늘게 뻗은 가지에 요염한 모습으로
피어난 진홍빛 꽃이여

찬 겨울 눈 속에 묻혀
그리움에 사무친 뜨거운 열기를
자신의 몸속에 불어넣은 자태는
혹독한 고난과 시련을 이겨낸 승리

봄이 미처 오기도 전에
진홍빛 타는 화사한 웃음으로
넘치지 않고 단아하면서
은은한 향기를 풍기며 찾아온 너는
설경 속에 홀로 핀 봄의 전령

어머니

항상 곁에 계실 줄만 알았던
늘 푸른 소나무 같은 싱싱한 웃음
천사 같은 손에서 따스한 봄볕이었다
민들레 홀씨마냥 일렁이는 어머니
김장김치 척척 찢어 입에 넣어주시던
짭조름한 젓갈 냄새가 그립다
앓아누운 딸을 위해 밤새 지켜주며
이마에 차가운 물수건 올려주신 그 정성
무엇과도 바꿀 수 없는 내 유년
젖가슴에 얼굴을 부비며 맡던 살냄새는
어떤 향수보다 좋았다. 어머니 이제
어미가 된 어린 딸은 어린 것을 품에 안고
어머니를 닮아가고 있습니다
하늘에 기도하시던 당신의 소원
끝없는 희생으로 바친 사랑이
열매로 영글어 가는 것은
당신의 그 사랑이 있었기에
가슴 저려 명치끝이 아려옵니다

다대포 찬가

바람이 불면 붉게 타오르는
저녁노을이 펼쳐진
다대포 해수욕장으로 간다

낙동강 칠 백리 굽이쳐
돌아 돌아
남해의 끝자락인 다대포에서
강물도 파도도 쉬어가는
벽해碧海의 안식처가
어머니의 품속같이 포근하다

삶의 무게를 저울로 달듯
지나온 걸음마다
깊이 패인 발자국이
망각의 파도가 되어
은구슬 뿜어내면
말끔히 씻어 버려 자유가 된다

몰운대 푸른 숲이
노을에 붉은 잔이 되어
횃불처럼 타오르고
나 오늘 술잔에
붉디붉은 피를 담아
너와 함께 건배하며
어둠에 가로막힌 저 바다를 향해
소리쳐 본다

목련꽃 꽃등 켜고

바람이 매서워 고개 들지 못하던
목련꽃 나무에 지난밤 내린 비로
함박웃음으로 꽃등을 밝혀줍니다
순백한 몸짓으로 삼백예순다섯 날
하늘 보좌를 향해 당신이 피땀 흘려
올린 기도의 향불은
지금도 꺼지지 않고 타오르고 있습니다
응달진 곳 가난한 사람들을 찾아
갈급한 영혼의 목마름을 채워주며
세계 속에 복음의 씨를 뿌리며
쉬지 않고 달려온 임의 발자국
남기신 자국마다 뜨거운 열정과
혼이 담긴 생명의 말씀은
임은 갔어도 성도의 가슴에 영원히
희망과 용기와 꿈을 심어주었습니다
어둠 속에 잠든 영혼을 깨우시고
생명의 존귀를 일깨워 주셨던 말씀
임의 모습 닮은 목련꽃이 오늘은
유난히 환하게 웃고 있습니다

연모戀慕

칠흑같이 어두운 밤
천둥소리와 함께
불현듯 그대 찾아와
현에 맞추어 맑은 가락으로
노래를 부른다
그 맑고 청아한 목소리는
차라리 살얼음을 깨는
비조 음과도 같이
가슴을 찢는 상처가 된다
살갗을 파고드는
시린 감촉이 입술에 닿을 때
안개 속을 헤집고 찾아온
새벽은 붉은 미소로 영혼을 부른다
채우지 못한 그리움 고이 접어
이슬 젖은 눈으로 위를 올려다보니
멀리서 다가오는 한 줄기 빛
투명한 청옥빛 하늘이었다

내 삶의 단 한 사람

해질녘
폭염을 씻어내려 바다로 갔더니
껄껄껄 너털웃음 웃으며
파도를 타고 오신다

어린 시절 꿈 심어주시며
행여 비뚤세라 회초리로 때리시고
잠든 사이 몰래 눈물지으신
험하고 거친 풍랑 만날 땐
고난은 하늘의 선물이니
희망과 용기로 일어서라 가르치시고
바이올린 음률로 시름을 달래시더니

그림자가 되어 동행해 주시며
정직하라 탐욕을 버리라
윤리倫理와 도道를 깨우쳐주심이
내 삶의 지표가 되어 왔는데

일흔이 된 내게 오늘도 염려되어
남항동 둘레길 걸으며 행여 넘어질세라
걱정되어 웃으시는 그 이름
나의 아버지

어부의 노래

겨울바람이 불어오는 가덕도
한 귀퉁이에 돌담을 기대고 앉아
그물을 깁는 손이 재빠르다
물때를 기다리며 평생을 살아온
어부는 바다와 함께 울고 웃으며
생을 이어온 삶이지만
자식들 생각하면 두 손에
힘줄이 불끈 솟는다.
수평선에 걸려있던 아침 해가 솟아오르면
어둠을 걷어낸 물결 위에 퍼덕이는 희망이
그물 안에 가득 채워지고
캄캄한 어둠을 헤치고 변덕쟁이 바다와
한바탕 사투를 벌이고 나면
바다와 어부는 하나가 되고
구수한 된장국 냄새가 정겨운 포구엔
아내의 콧노래 흥겹다

아버지의 아들

막냇동생의 전화를 받았다
껄껄껄 웃는 너털웃음이
아버지 목소리를 닮아 있다
쉰 살에 막내를 얻으시고
이놈 내가 중학교나 마쳐줄 수 있을까
늘 노심초사하셨는데
벌써 엊그제 같은데
산전수전 다 겪은 후에야
세상을 달관한 모습 되어
초겨울 나목처럼 웃고 있는 모습이
왠지 쓸쓸해 보인다
일제강점기를 겪으면서
초야에 묻혀 초동들과 보내시며
생육신 사육신의 초상화를 그리시며
시름을 달래셨던 아버지
퇴근 후 주막집 막걸리 한 사발에
사상도 이념도 모두 묻어버리고
조용히 바이올린 현에 설움을
달래셨던 아버지

그분의 아들이 오늘 똑같은 모습으로
발가벗은 채로 너털웃음을 웃고 있다

유월의 향기

정지된 삶이 있다
바람에 녹아있는 젊은 병사의 땀
깃발처럼 솟아있는 저 나무의 수액 되어
고동치는 백마의 꿈을 지켜내고 있다

지금은 평화로이 흐르는 저 강물에도
피비린내 흥건하던 한 민족의 눈물이
잔인한 '이데아' 는 사나운 짐승처럼
젊은 청년의 하이얀 목덜미를
갈기갈기 물어뜯고 납덩이보다 무거운
새벽을 유랑하며 이 땅을 유린했다

내 어미를 사랑스런 내 누이를 위해
청년은 붉은 심장을 안고
이리의 포화 속으로 뛰어들었으리

찢기고 할퀴어 쓰러지고 또 쓰러져도
일어서고 다시 일어서며
사랑하는 내 어미와 철없이 맑고 고운
내 누이의 땅을 지켜내었으리

해마다 유월이 오면
국화 향기보다 진한 애국의 향기가
빛도 없이 이름도 없이 쓰러져 간
어린 병사의 묘지 위로 하이얀 풀꽃 되어
향불처럼 피어오른다

노란 은행잎이

인생의 길은
다시는 되돌아갈 수 없는 길이다
문득 지나온 길을 되돌아보니
저 멀리 아득히 보일 듯 말 듯 멀어져 가는데
나와는 상관없이 여기까지
숨차게 달려와 있는 자신을 발견한다
힘겹게 맨발로 고난을 헤치며 걸어온 삶
돌아갈 수 없는 길 위에 선 내 작은 모습
커다란 바윗덩이만큼 큰 꿈이 언제나
무거운 짐처럼 내 정신세계를 짓눌러 왔는데
원했던 길로 한번도 가 보지 못한 채
이방인처럼 여기 서 있는 또 다른 나를 발견하고
소스라쳐 놀라 침묵해 버렸다.
잠시 무지갯빛 속에서 날개를 펼쳐 보니
노란 은행잎이 희망 하나 전하고 간다
스쳐 지나는 바람일지라도
아름다운 저녁노을을 바라보며
이제 가을걷이를 하러 가야겠다
저물기 전에 썩지 않을 영혼의 양식을
마음에 쌓기 위해 등불을 밝힌다

산상 음악회

양산 배냇골
숲길 따라 오르다 보면
늘밭 마을이
쪼그리고 앉아있다

고요한 정적 속에
들리는 노랫소리는
한줄기 생명을 갈구하는
애절한 윤회輪廻였다

묵언에 핀 난향에
취한 시인들
그 모습 천사 같아라

바이올린 아코디언
기타 색소폰 화음이
깊은 골짝 흔들어
산이 일어선다

나목裸木

나목裸木의 가지에
흰 눈이 활짝 피었다
겨울인 줄 알았더니
발끝에서 흐르는 전율이
깊은 땅속에 새싹을 만났다

비가 온다
고개 내민 촉수에 향긋한
향기가 하늘로 솟구친다

어제가 오늘이고
오늘이 어제인가 보다
하늘이 땅이 되었고
땅이 바다가 되었다

그 속에는 많은 사연들이
춤을 추고 있다
꽃비가 내리는 날에는
꽃이 피겠지

태종대 해변에서

바람이 서성이는
태종대 해변 산책로에 서니
수평선까지 평화가 넘실대고
비릿한 물결이 파도를 타고 온다

갈매기 돌아올 항구 있어
멀리 대양을 향해 떠나도
기다려 줄 사랑이 있어
마음은 바다가 되어 넉넉해진다

언제나 변함없는 바다
기다림은 두렵지 않고
봉래산 자락에 둘러친 흰 구름이
하늘의 마음을 안겨준다

수평선 노을을 바라보며
만선의 즐거움을 안고 돌아올
풍요로운 가을을 노래하며
환한 미소로 그대를 기다리리

파도의 노래

파도가
수평선을 향해 춤추며
사라졌다 밀려온다

거센 바람이 밀려올 때면
조약돌에 새겨둔 사연이
바닷물 속으로 숨어버린다

만남과 이별이 있고
마음속에 침묵으로
토해 내는 그리움 하나

파도는
잠시 머물다 갈 삶이라 해도
연미복으로 갈아입고
가을 노래를 부르고 있다

2

겨울나무

희망의 새아침

정해년丁亥年 아침이 밝았습니다
어서 사립문 열고 오시옵소서
사철 늘 푸른 옷으로 소나무처럼 변치 않는
당당함과 올곧은 심성으로
우리를 길러주신 소망이여
힘들고 어려워도 참고 견디면
밝은 세상이 올 것이라고
가르쳐 주셨던 사랑이여
묵혀둔 마음의 밭 갈고 엎이
씨앗 하나 심어 좋은 열매 맺을 수 있도록
희노애락을 함께하며
육백 년 기다림으로 오신님
설렘으로 맞이하는 모두에게
눈부신 하늘의 은총으로
희망의 새아침을 엽니다

길 위에서

캄캄한 길을 무작정 걷고 있었다
시집 두 권을 사고 나니
500원 동전 하나 교통카드 하나
詩와 노래가 있고
낭송소리 심금을 울리며
꿈속같이 행복했던 시간은 잠시
어느새 거리는 어둠이
검은 색칠해 놓고 이미
마지막 지하철은 떠난 후였다
행복한 시간이 항상 있을 수는 없지만
발자국마다 외로움이 쌓인다
인생길이 좋을 수만 있을까
평탄한 길 꼬부랑길 가파른 길도
때로는 가시밭길 패인 웅덩이도
있다는 것을 왜 몰랐을까
어둠 속을 질주하는 차량행렬 속에
천둥소리와 함께
남편의 얼굴이 떠오른다

추락하는 것은 끝이 아니야

백주에 쏟아지는 가을비가
목마른 나뭇가지에 떨어져
낙엽과 함께
어깨동무를 하고 춤을 춘다
우산을 챙기지 못해
온몸으로 비를 맞으며
준비 없이 당하는 재난을
대비하지 못하는 것이
인간이라는 것을 깨닫는다
햇볕이 따사로운 날이
날마다 있는 것은 아니기에
캄캄한 어둠의 밤도
견디어 가야 하는 것인가
잠시 전 춤추며 웃던 모습은
일순간 사라지고 어둠의 나락으로
추락하는 낙엽을 보면서
오늘 나의 생生이 마지막이라 해도
후회 없는 삶을 살아야 하리라
추락하는 것이 끝이 아니기에
다시 마음을 곧추세운다

겨울나무 1

나무들이 모두 발가숭이가 되어
하늘만 쳐다보며
메마른 가지마다 팔을 벌리고 서 있다
밤이면 온몸으로 달빛을 받아
그 빛으로 땅속으로 뻗어 내린
뿌리까지 온기를 전하면서
찢겨지고 터져나간 살갗에 새겨진
고달프고 힘겨운 삶이지만
숨김도, 부끄러울 것도 없이
알몸인 채로 모진 바람을 견디고 있다
가끔 바람이 큰소리를 내며
울음을 토해 내는 날엔 그들도
서로 부둥켜안고 온몸으로 떨며
울고 있다는 것은 왜 몰랐을까
그리고 앙상한 나무 뒤에 숨어
뼛속 깊이 파고드는 그리움 안고
봄을 기다리며 여린 손 움켜쥔 채
온몸으로 울음을 토해 내는
가냘픈 잎사귀가 있다는 것도

겨울나무 2

모두 벗어버리자
하나씩 나누어 주고 나면
허전함도 있겠지만
아쉽고 아파도 참자
잘라내고 깎아내며 겪는 고통은
함박눈이 펑펑 쏟아져도
부러지고 꺾어지는 아픔은 없을거야
가슴속까지 파고드는 추위와
고독을 참고 견디는 것은
봄이 오면 오동통한 새순 틔우며
무성한 잎으로 꽃을 피워
메마른 세상에 희망의 열매로
풍성하게 채워줄 꿈이 있으니까

봄의 교향악

얼음장 밑에 숨어있던
입춘의 햇살이
수줍은 가슴을 활짝 열고
대지를 향해 나래를 편다
봄의 전령들이 일어나
숲과 나무들 틈새를 비집고
입맞춤하며 고개를 든다
겨우내 가두어 두었던
내 속에 쓸모없는 욕심 따위는
땅속에 묻어버리자
내가 죽어 숲이 무성할 수만 있다면
땅에서 생명 터지는 소리 들리고
바다가 출렁인다
목련꽃 꽃대궁으로
아름다운 교향곡을 연주한다
봄은 생명 있는 것들의 희망
어둠을 헤치는 용기와 빛으로
온 세상 사람들의 꿈을 담아
벅찬 설렘으로 다가온다

할머니와 선인장

늦은 밤
지하철 입구에 쪼그리고 앉아
말근히 쳐다보는 할머니 앞에는
보잘것없어 보이는
선인장 화분 몇 개가 놓였다
어버이날이 바로 엊그제인데
용돈이 필요했을까
늦은 시간에 누구를 기다림인가
선인장 가시가 심장을 찌른다
지난 세월 자식 위해
보릿고개 넘기며 허리 한번
펴지 못하고 허기진 배를 물로 채우며
속살까지 다 빼어준 어머니
그 어머니가 여기 앉아계신다
붉은 카네이션 꽃잎보다 진한
그리움 달래기 위해
자식처럼 애지중지 길러온 정성
고스란히 담겨 주인을 찾고 있다

생명의 탄생

녹색 핏물이 마른가지에
뚝뚝 떨어지고 있다

마른 혈관 속에서
한 방울 피를 짜내는 것은
살갗을 찢어내는 아픔이다

최후의 순간까지
지탱해 온 절박함은
실핏줄마저 잘라야 하는
어머니의 희생

백 년도 품고 살 수 없어
나 죽지 않으면
네가 살 수 없기에

뜨거운 가슴에
불은 타오르고
녹색 물줄기 속 새 생명은
봄의 울림이 된다

백조의 꿈

하얀 솜털구름과
파란 하늘을 바라보며
어린 백조는 높은 곳으로
비상하는 꿈만 꾸며 살았다

하늘엔 잿빛 구름도 있고
먹구름도 지나가고
천둥번개가 치면
소낙비가 내린다는 것은 모른 채

바다가 울음을 토하고
바위가 부서져 내리는
아픔이 있다는 것은
한참 후에야 알게 되었다

자연의 섭리에 따라
계절이 바뀌어 가면서
하늘도, 바다도, 바위도
조금씩 변해간다는 것도

다대포 분수대

몰운대의 바위가 부서지고 있다
파도소리와 낭송소리가
다대포 앞바다에
포말을 일으키고 있다
바다와 육지가 하나 되니
하늘에서 무지개가 축복해 준다
그 일곱 색깔의 무지갯빛이
다대포 앞바다와 하나가 된다
어둠의 장막이 내리는 순간
내 삶을 뒤돌아보니
물줄기가 하늘로 치솟고
그 빛은 세상을 밝혀준다
오늘을 얼마나 기다렸던가
영원히 남을 추억이
음률에 춤추는 낙조의 현란한 율동
일어나라
영혼의 심지에서
가슴속에 불을 피워 보자
내일을 위하여

꽃길따라

벌과 나비는
아름답고 짙은 향만 찾아
그곳에만 머무르지 않는다
외로움을 견디며 고통의 세월 속에서
한 송이 꽃을 피워낸
들꽃 향이 그리울 때가 있다
붉은 꽃 심心을 안고 바람따라 찾아온
눅눅한 동굴 속에서 원시인의 조각상이
맑은 영혼을 가지라 한다
허브향 짙은 산장에는 톡 쏘는 향기보다
메밀향이 고향 같은 녹녹한 안식을 주는데
봄날의 뜨거운 열정
저문 밤 촉촉이 내리는 빗소리에
봄이 무르익어 간다

홀씨 되어

세월이 가고 산천이 변하듯이
인간 세상이 어찌 내 마음 같을 수 있을까
심혈을 기우려 정상을 향해 걷는
발길이 가벼울 수만 있을까
때로는 생각지 않은 돌발사가 발생하기도 하고
만남과 헤어짐조차 제대로
인사치레도 못하고 홀연히 발길을
돌려야 할 때도 있고
내일 일을 예상하지 못한다 해도
오늘 자유로울 수 있다면
그것으로 족할 수도 있겠다
그러나 몸이 자유롭다고
정신도 자유로운 것은 아니다
진정 자유로울 수 있는 것은
영혼이 자유로울 수 있다면
그것이 진정 자유로움이 아닐까
새가 되어 가벼이 날고 싶어라
홀씨 되어 훨훨 어디론가 날아가
자유를 누리고 싶다

정보의 바다를 향해

서산마루에 걸터앉아
가슴에 촛불 하나 켜 놓고
저녁노을이 붉게 물든 바다를 향해
힘겹게 노를 저어간다
둔탁한 컴퓨터 자판기 더듬거리며
한 고비 굽이굽이
험한 길 어둠을 헤쳐 왔다
정보의 세상을 알아간다는 것이
바위를 깨는 힘든 길이라 해도
어둔한 손놀림이 밝은 세상을 향해
오늘도 쉼 없이 더듬거리며
꿈을 향해 노을을 낚는다

기축년

나는 어느 산골마을에서
소라는 이름을 달고 이 세상에 태어났다
주인의 사랑을 받으며 살아가던 어느 날
내 등 위에 멍에가 메어지면서
이른 아침부터 해가 질 때까지
땀방울을 흘리며 논과 밭을 갈았고
등허리가 휘어지도록 힘겨운 삶을 살아왔다
자식들 도시로 다 떠나보낸
주인댁 노부부는 나를 자식보다 더 애지중지하며
보살펴 주었기에 힘겹고 고달픈 날도
참을 수 있었나 보다
봄이면 씨앗을 뿌리고 가꾸며 추수를 하기까지
비가 오나 눈이 오나
주인이 시키는 대로 살아가는 것이
나의 몫이라고 생각하며
묵묵히 주인에게 충성하며 사랑받으며
살아가는 것이 나의 꿈이다
나는 다시 태어나도 내 멍에와 함께하리라

바다 그 속에는

고요한 바다 그 속에는
삶의 이야기가 들락거린다
생존경쟁을 위한 꿈틀거림이 있고
먹이사슬이 요동치며
험악한 태풍이 가끔씩
바닷속 밑바닥까지 왈칵 뒤집어 놓아도
모두를 감싸안고 말이 없다
썩어 냄새나는 탐욕들이
물 위로 둥둥 떠오르고
고달픈 삶이 파도에 밀려 넘실대며
온종일 줄다리기를 해도
바다 그 속에는
어머니의 기도가 있어
모든 허물은 치마폭에 감추고
속울음 간간히 토해 내며
언제나 말이 없다

늙어 간다는 것

핏기 없는 푸석푸석한 피부
지난날 그렇게도 당당하던
내 모습은 어디 가고
초점 잃은 멀건 눈빛으로
깊어가는 가을 하늘을 본다
깜박거리는 기억 속에
남아있는 지금의 내 모습과
똑같은 엄마의 모습을 보고 있다
거부할 수 없는 죽음
백수를 살 수 있다고 큰소리쳐도
나와 함께한 모든 것들과
이별을 해야 한다는 것
그것은 하얀 백지로 남을 뿐
주어야 한다
털어내어야 한다
그리고 홀가분한 마음으로
이별을 준비하자
숨이 멈추어질 때 평안할 수 있도록
늙어 간다는 것은
아름다운 이별을 준비하는 것

밤의 연가

밤이 두려울 때가 있습니다
잠들면 깨어나지 못할 것 같은 어둠이
세상에 내려와 육신을 삼켜 버릴 것 같아
밤이 두려울 때가 있습니다

내 곁에 가까이 두고도
가슴 떨리게 하는 사람 있어
눈 감으면 다시는 볼 수 없을 것 같아
밤이 두려울 때가 있습니다

가슴속에 머물러 있는 한 사람
밤바다를 거닐었던 추억이
파도에 밀려 사라져 버릴 것 같아
밤이 두려울 때가 있습니다

3

파아란 떨림으로

경술국치

망국의 설움으로 국치의 아픔을 딛고
선진국 대열에 당당히 진입한 오늘
그날을 침묵하는 국민이여
조국의 광복을 위하여
일제의 총칼에 죽어간 선조들을 생각해 보았는가
국가와 문화를 빼앗기고 외교권을 박탈해 간
제국주의 만행으로 쓰라렸던 슬픔의 역사가
아직도 여기저기 잔해로 남아서 가슴이 아파오네
서러움 밟고 깨어난 형제들이여
100년이란 역사의 큰 마디에
독립투사의 붉은 가슴팍 같은
비망록 한 줄 새기어 놓아야 되지 않겠는가
지금도 국토의 허리는 잘려 있고
바다 밑으로는 폭뢰의 사슬이 마음을 조여오고
여전히 긴장이 고조된 분단의 아픔
우리는 몸과 마음을 함께하여
더는 치욕으로 멍들지 않는
평화의 역사를 이룩하려 애를 끓이는 구나
아직도 8월은 미완성 광복
통일은 우리의 희망
장대하게 대한민국을 펼쳐 나가리라

마음을 다듬으며

손톱을 깎으며
마음속에 버려야 할 본성을 깎아낸다
잘라내고 버린다고 타고난 것이 변할 수 있을까
욕심이란 놈이 마음에 성벽을 쌓고
가시로 울을 쳐놓았다
내재된 이중성은 악과 선이 공존하면서
흰 깃발과 검은 깃발을 펄럭인다
갈등 속에 번민의 늪을 빠져나오지 못한 채
때로는 거짓 속에 잠식된 자아를 발견하고
통한의 눈시울을 적시기도 한다
착한 사람 악한 사람이 따로 있는 건 아니다
손톱이 금방 자라듯이
욕망의 가시들이 계속 돋아난다 해도
나는 내 영혼이 투명해 질 때까지
깎아내고 잘라내며 살아가리라
그렇게 살아가고 싶다
깨끗한 마음으로

파아란 떨림으로

손가락 끝으로 전해져오는
아름다운 인연으로
마음은 하나 되어 꿈 길을 거닌다
만학의 새순들이
바위를 깨며 가시덤불을 헤치고
한 걸음 두 걸음 힘겨운 행진을 한다
황사가 갑자기 몰아닥쳐
캄캄한 밤처럼 시야를 흐려놓아도
마른 둥치를 부둥켜안고
보이는 듯 보이지 않게
작은 새순들은 뿌리를 내리고 있었다
인고忍苦의 세월 속에
무디어져 가는 육신의 퇴락은
영혼마저 마비시켜 오지만
파아란 떨림으로
하얀 꽃 망울 피워 낸다

과일장수

초겨울 바람이 불 때마다
나뭇잎들이 힘없이 바닥에 쏟아져 뒹굴고
퇴근길 발걸음이 무겁다
집으로 돌아오는 길목에 과일장수 아저씨
계절을 소담하게 담아놓고
오고 가는 길손을 기다린다
삶이 어깨 위에 걸터앉아 분주하게 달려가는
자동차를 물끄러미 바라보며
손님을 기다리는 축쳐진 어깨 위에
낙엽이 떨어지고
검정 비닐봉지에 덤으로 담겨온
따뜻한 마음이 봄을 기다리는 나에게
설렘으로 다가오는 훈훈한 미소

은빛 속의 파란 꿈

은빛으로 갈아입은 세상 속에서
연둣빛 아름다운 꿈을 꾸고 있는
소녀들을 만났다
자연의 순환 따라 무채색 언어로만
던져진 계절들 속에서
하늘이 내려준 은빛의 옷을 벗어버린 것은
흙 속에서 겨울 이야기로만
살아가는 세상은 재미없다는 그들
밤사이 흘러내린 눈옷이 발목께로 내려와
개울물가에 가지런히 서 있다
냇물도 몸통을 두드려 얼음을 깨고
어서 일어나자고 속삭인다
소녀들은 나지막한 소리로
노래를 부르며 일어서고 있다

아버지 사랑

청솔가지 군불 지펴
타다 남은 숯덩이 화로에 담아내면
어둠은 까만 코고무신 안에 가득 고이고
땀내 나는 버선 툭툭 털어 빨랫줄에 걸고
아버지의 하루를 대추나무에 걸어두셨다
무쇠솥에서 숭늉 한 사발 들여다 놓고
툇마루에 요강단지 올려다 놓으면
저 멀리 마을에도 약속이나 한 듯
별들이 내려와 이야기꽃을 피웠지
삽살개 우짖는 소리와 사립문 여닫는 소리에
달님도 오동나무 가지에 걸터앉아
아버지가 들려주시던 옛날이야기에 귀 기울이며
밤 깊은 줄 모르고 구수한 이야기가 무르익으면
아가는 엄마 치마폭에 잠이 들고
달님도 별님 손잡고 떠나버린다
세월이 흘러도 아버지 사랑은
형광등 불빛 아래 고향의 빛이 되어
고달픈 내 삶의 등불이 되어 길을 밝혀준다

황매화

아파트 울타리를 타고
노란 황매화가
사월의 발목을 잡아끈다

탱자나무를 휘어 감고
흐드러지게 핀 울타리에 숨어
순이를 기다리던 철수는
지금도
철부지 유년을 기억하고 있을까

가슴에 노랗게 아롱진
세월을 물들이며
국어책을 함께 읽던
황매화 피는 사월의 기억을

녹색우綠色雨

여름 숲으로 가지
맨발로 빗물 가득 고인
웅덩이에 발을 담그고
경사진 비탈길에 가만히 서서
발가락 사이로
스멀스멀 빠져나가는
경쾌한 리듬을 느껴보자
아무도 모르는
깊은 숲 어딘가에
작은 전령이 뽀로롱 소리를 내며
춤을 출 것이다
녹색 그늘은 비에 녹아
어느덧 사라지고 없다

가을비는 내리고

벼가 고개를 숙일 때
알알이 익은 곡식을 눈앞에 두고
추수할 손길이 없어 곡간에 쌓지 못하고
봄부터 가을까지 고통을 견디며
수많은 땀방울과 정성을 쏟았다
손이 부르트도록
등허리가 휘어지도록
한순간도 놓치지 않고 혼신을 다해
땀 흘려 가꾸었더니
포악한 멧돼지 한 마리 모두 앗아가 버렸네
벙글벙글 웃고 있던
희망이 일순간에 사라져 버린
농부의 가슴에 차가운 비만 내리고 있네

희망찬 내일을 향하여

내가 가지고 있는 것이
내 것이 아니라는 것은
내 속의 욕망의 덩어리를
모두 쏟아내고 나서야 알게 되는 것
사람도 물질도 인생도
내 것은 하나도 없는데
왜 모두 내 것이라 생각하는지
단 5분만 숨쉴 수 없다면
살 수 없는 것이 인간이 아니던가
욕심 덩어리 훌훌 털어내고
함께 웃으며 행복해 질 수 있는
희망찬 내일을 향하여
빈 가슴으로 웃으며 살아요
내가 바라는 것은 오직 하나
남은 여생 즐겁게 살아가는 것이라고

따뜻한 손길

사람들이 모여 있는 곳에
겉으로 보기엔 멀쩡해도
어디든 아프지 않은 사람 있을까
밖으로 드러낸 아픔도 있고
가시와 송곳으로 벌집을 쑤셔놓은 듯
깊은 속앓이를 하는 사람
온몸 구석구석 암세포가 퍼져
내일을 기약할 수 없는 목숨인데도
언제나 웃으며 살아가는 사람
내 속의 통증과 쓰디쓴 고통이
견딜 수 없는 수렁 속으로 몰아가도
모든 것 다 내어놓고 살아가는 사람은
어딘가에서 따뜻한 마음과 정성으로
어루만져 주는 손길 있어
아픔을 견딜 수 있나 보다
사랑으로 다가오는 따뜻한 손길

고통이 있음으로

고통 때문에 행복을 알았네
눈 뜨면 무상으로 마시는 공기
푸른 숲에서 품어내는 산소
눈 뜨면 만날 수 있는 가족
마음껏 걸을 수 있는 다리
억척스레 쓸고 닦고 치우고
불평 한마디 없이
온종일 쉼 없이 움직이던 손이지만
한 번도 고마움을 느껴보지 못했는데
오른 손목을 다쳐 깁스를 하고 보니
누군가의 도움 없이 되는 것이 없다
고통을 겪어보고 나서야
진정한 행복이 무엇인가를 알았다네

꽃병

매일 어루만지고
애지중지했던 꽃병이 깨어졌다
눈을 뜨면 바라보던 그곳엔
행복했던 순간들의 이야기도
견딜 수 없이 고통을 겪을 때
위로의 손길로 다가왔던 온기도
모두 고스란히 남았는데
깨어진 파편들을 주워 모아
본드로 붙여 보아도
부서진 흔적은 아픔으로 남아
심장을 압박해 온다
계절이 바뀔 때마다 네 속에서
옹기종기 꽃망울 터뜨리며
아름다운 이야기꽃 피워주었는데
이별 후에 후회만 허공에 남았구나

사랑

삶이 고달프고 힘겨우면
사랑이란 말을 가슴에 담고
아무 이유 없이 좋아했던 그 순간을
기억하며 길을 걸어보아요
사랑은 미움과 저울질하며
평행을 맞추어 가는 것
햇볕 따스한 날도
비바람 폭풍우 몰아치는 날에도
육신의 고통으로 주저앉고 싶을 때
밤하늘을 올려다보며
별을 세며 걸어가 보아요
사랑은 아픔도 슬픔도 절망도
견딜 수 있는 힘을 주니까요

울산 암각화 반구대를 찾아서

겨울 날씨가 매섭게 옷깃을 여미게 하는 날
울산 반구대 암각화 박물관에 갔다
박물관은 새 모습으로 손님을 맞이하고
반구대 암각화를 탁본한
구석기시대의 벽화는 한눈에 볼 수 있어
6300~8000년 전으로 추정되는
그 시대의 벽화라고는 느끼지 못할 만큼
사실적이고 정교한 벽화 앞에 발걸음을 멈추게 한다
구석기시대와 신석기시대의 인류의 발달 과정과
그들의 생활 모습들을 현대에서 볼 수 있다는 것은
전 세계의 부러움을 살 만큼
강산이 수려하고 조상들의 만국의
으뜸가는 재능이 자랑스럽기만 한데
개발이란 이유로 자연이 훼손되고
오염되어 가는 현실이 안타깝지만
1995년 6월 23일 국보 제 285호로 지정되었다니
한결 가벼운 발걸음으로 돌아오는데
칼바람이 속살까지 파고들어 긴 여운을 남기네

마라톤 같은 인생

시작을 알리는 종소리가 울리면
혼신의 힘을 다해 달린다
땀방울이 온몸을 적시고
가파른 언덕길을 달려갈 때는
땅바닥에 주저앉고 싶은 마음을 달래며
간신히 한 고비 두 고비 견디며 달린다
주어진 한정된 시간 속에서
온몸의 촉각을 집중하며 달려보지만
마지막 남은 힘마저 소진해 질 때쯤
승리와 실패는 가려진다
성공은 목표에 대한 자신과의 싸움
인생이 힘겹고 고달프다고 포기할 수 있는가
주어진 생을 달려야 하는 끝없는 여정이지만
험난한 길도 평탄한 길도 만나게 되리
힘겹고 고통스럽고 쓰러지고 싶을 땐
이웃과 더불어 서로 손잡아 주고 도와주며
따뜻한 마음으로 사랑과 희망을 나누며
목적지를 향해 달려가노라면 반드시
하늘은 성공의 메달을 선물로 주시리

4
세월이 흐르면서

계사년의 소망

찬란히 떠오르는 빛이여
어둠을 해동하는 소망의 빛이 되어
묵은 먼지 털어내고 넉넉한 마음으로
사랑과 평화를 위해
뜨거운 열정으로 살게 하소서

고난과 아픔이 닥친다 해도
인내와 용기로 극복하면서
먼저 따뜻한 손길 내밀어 작은 마음 나누면
아름다운 세상 될 수 있을까

불신의 벽을 허물어 신뢰가 싹트면
나라와 세계가 공존하면서
살맛나는 지구로 바뀌어 가리

계사년癸巳年 한 해만이라도
모자라면 채워 주고 감싸 주면서
머문 자리마다
아름다운 꽃 피우게 하소서

경인년 한 해를 보내면서

새벽을 열며 찾아온 너는
수많은 아픔과 고통을 남기고
이제 저 멀리 사라져 가는구나
천안함의 가슴앓인 이야기는
깊은 바다에 감추어 버린다고
우리의 가슴에 멍울진 고통이 사라질 줄 알았느냐
연평도의 포격을 보고도
너는 한마디 말도 하지 않은 채
침묵만 지키더니
온 세상을 하얗게 덮어놓는다고
그 속에 감춰진 야욕을 모를 줄 알았더냐
살쾡이같이 야금야금 숨어서
이 한반도를 소용돌이치며 휘저어 놓더니
결국 너는 한마디 말도 없이
하얀 포장으로 씌워놓고 떠나는구나
다시는 기억하고 싶지 않은 아픈 상처는
어디에 하소연 할 수 있을까
갈대도 상한 갈대는 건드리지 않는다고
어느 시인이 말을 하더라만
경인년이여 이제 떠나는 발길에

한 해의 아픔을 몽땅 가지고 가거라
돌아오는 신묘년에는
희망과 함께 이 땅에 전쟁이 없는
평화와 화해와 나눔의 세상이 되리

일상

아침에 눈을 뜨면
오늘이
살아서 내게로 다가온다

내일은
예견할 수 없는 미지의 세계
꿈을 향해 달려가는 길 위에
희망은 안갯속에 가려져 있다

아침 햇살을 받으며
눈을 뜨고 호흡하며
움직일 수 있는 것은
행운이요 기쁨인데

현실은 두 개의 얼굴로
선택은 자유라 해도
기쁨으로 맞이할 때
행복이 내 가슴에 안겨온다

자화상

바보 같기만 한 너
쓰러질 듯 연약하기만 한 너는
모진 풍상을 겪으면서도
용하게 버티어간다

세월이 흘러갈 때마다
지탱하기조차 버거운 삶이라 해도
무너져 내리는 심장의 박동소리마저
개의치 않고 묵묵히 서 있구나

눈물도 안으로 삼키고
슬픔이나 기쁨까지도 참아가며
겉으로 내색하지 않아도
혼자일 때 뜨거운 가슴을 열고
마음껏 하늘 향해 마음을 토하는 너는
바보 중에 바보라는 것을 알고 있는가

뜨거운 가슴을 알아주는 이 없어도
활화산보다 뜨거운 가슴으로
혼신을 다해 불태우지만
너는 언제나 바보일 뿐이야

그리운 사람아

늘 함께 있어도 그리운 사람아
겨우내 김칫독 안에서 푹 삭혀진 채로
식상하지 않고 없어서는 아니 될 것 같은
그런 사람이 너였으면 좋겠다
변덕스럽지 않고
마음을 있는 그대로 보여 주어도
싫어지지 않는 무덤덤한 사람
살아가면서 약삭빠른 사람들 틈에 끼어
알아도 모르는 척 몰라도 아는 척
아픈 속내 즐거운 속내 모두 다 속을 뒤집어
보여주면서 투정부려도 받아줄 것 같은
그런 사람이 그리워진다
조금 더디게 걸어가도 참아주고
약간 어눌해서 보기에 답답해도
손잡고 함께 걸어갈 수 있는 가슴이 따뜻한
그런 사람이 그리워진다
겨울 찬바람이 숭숭 불어와 뼛속까지 파고들어도
작은 마음 한 자락 펼쳐 보이며
싱긋 미소로 따스운 운김을 지펴줄 줄 아는
늘 곁에 있어도 그리워지는 사람아

떠나고 난 빈자리는 어찌하라고
너만 가고 뼛속에 구멍만 남겨둔 채
홀연히 떠나가면 너가 그리워 어이하라고
차라리 정이나 주지 말 것을

비우고 살아야 하리

나이가 들면
지금까지 가지고 있는 것들
버리고 살아야 하는데
손때 묻은 흔적들이 줄다리기를 한다

세월이 흐르면서 움켜쥔 삶의 흔적
헐거워진 손가락 사이로
하나씩 빠져나가는 것을 보면서
애착의 끈을 가슴으로 잡아당긴다

욕심의 끈은 놓아야 하는데
세월 속에 묻은 애착이
버리지 못하는 미련으로 남아
아집이 아우성을 치며 눈을 가린다

비우며 살아야 하리라
나누며 살아야 하리라
마음속에서 외침이 들린다

정이란 것이

폭풍우 지난 언덕에
한 낮의 뜨거운 햇살이
늦가을
차가운 교실 안으로 들어와 누웠다
회오리치며 불던 바람이
스치고 간 상처 난 자리
쌓여있던 누런 고름덩이가
일순간 빠져나가고
가슴속으로 파고들던 냉기는
어디론가 사라져 버리고
응어리진 가슴 사이로 온기가 스민다
백발의 노인들 배움에 대한 좌절이
일순간 회한으로 남아 있는데
어느새 눈가에 맺힌 이슬이
강이 되고 바다가 되어 흐르고
육순 칠순 팔순의 만학도의 가슴에
아픔보다 진한 그 무엇을 두고 간다

행복을 담는 그릇으로

주머니에 차표 두 장만 있어도
행복한 마음으로 늘 웃으며
진수성찬이 아니래도 밥 한 그릇
김치 한 조각으로 식사를 하고도
기뻐하고 즐거운 사람이 좋다

싸구려 옷 한 벌을 입고도 빛나고
장신구를 하지 않아도 기품이 있어
화려한 향수로 치장하지 않아도
은은한 향내 풍기는 사람이 좋다

마음에 드는 시집 한 권만 있어도
세상에서 가장 부자가 된 듯한
소박한 영혼을 가진 사람이 좋다

소박한 마음으로 욕심을 버릴 때
행복은 스스로 찾아와 주는 것
따뜻한 손길과 사랑의 마음으로
곁에 가면 운김이 나는 사람이 좋다

무이파 스친 자리엔

이십 미터의 파고와 초속 사십 미터의
강풍으로 찾아와 한반도를
초토화 시켜 놓고 홀연히 떠나간다
육백 년 묵은 팽나무를 쓰러뜨리고
빚 얻어 일구어 놓은 양식장을 파괴하고
출하를 앞둔 젊은이들의 꿈과 희망을
일순간 휩쓸고 지나간 자리마다
꺾이고 동강이 난 채 인간을
무기력하게 만들어 버렸다
일어설 힘조차 가누지 못하고
말문이 막혀 망연자실한 어민들
평생을 몸 바쳐 일구어 놓은 터전이
하루아침에 산산조각이 난 채
이재민들의 가슴에서 쏟아져 나온
각혈이 갯벌에 질펀하게 흘러내린다
무이파여 너는 아는가
집을 잃고 일터를 잃고
가족을 잃은 자의 고통을
하늘이시여
빈손 들고 하늘만 바라보는 자들에게
하늘의 보물을 넘치도록 채워주소서

---

*무이파 : 태풍의 이름

동행

모여 하나가 되고 애틋한 마음으로
정을 쌓아가며 담소를 나누는
우리 만남은 세상 사람들은 알 수 없어도
나누며 베푸는 삶으로 언제나
하나같이 함께 걸어가는 사람들입니다

나를 위함보다
가난한 사람들의 지팡이가 되고
외로운 노인들의 마음을
위로해 주는 천사 같은 모습으로
그들과 함께 웃고 울 수 있는
우리는 언제나 하나입니다

흘러가는 시간들 붙들어 맬 수 없어
쪼개고 쪼개어 스물네 개의 시간을
곱으로 살아가는 우리는
언제나 하나일 수밖에 없습니다

길을 걸어갈 때도 잠을 잘 때도
어둠 속에 빛을 찾는 사람들에게

허약한 육신을 기댈 수 있는
따뜻한 등이 되고 희망이 되어
오늘도 쉼 없이 어둠을 헤쳐 갑니다

할미꽃

자식들 뒷바라지에
허리 한 번 펼 사이도 없이
힘들게 살다가
눈에 넣어도 아프지 않을
손자손녀 등에 업고
한 세상 살았는데
백발이 되고 기력이 쇠하니
손자 손녀는 어디가고
그리움만 남았구나
자식은 바쁘다 나 몰라 하고
손자손녀는 공부하느라
전화 받을 시간도 없다하니
혼자 외로움 달래며
서산마루에 걸터앉아
행여나 찾아줄까
기다리는 자줏빛 넋이여

가을에 보내는 편지

떨어지는 낙엽을 보며
너를 그리워하는 것은
내 가슴에 품은 연민인가

스산한 바람이 일렁이면
이별을 준비하는 것은
만남을 기다리는 애절함

이별도 그리움도 모두
지울 수 없는 운명이라면
달빛 아래 사각거리는 낙엽 주워
너에게 보내는 편지를 쓴다

가을은 그렇게
잊힌 봄날의 이야기를 노래한다

용서란

깨어진 것이
온전해 진다는 것은
결코 쉬운 일은 아니다
오랜 시간을 견디고 인내한 후
조각난 마음의 파편들이
옹이로 남아 굳어지고
더렵혀진 것이 닦고 씻으면서
깨끗해지는 기적을 바라는 마음으로
금간 자리를 하나씩 메우고
비우고 쓸어내면서
욕심을 다 벗어 버리고 빈손 들고
아이의 마음이 될 때
기도의 응답으로 오는 것

세월이 흐르면서

세월이 흐를수록
아쉬운 것은
내가 원하고 필요한 것이
무엇인가를 몰랐다는 것

사랑도 이별도
모두 떠나간 후에야
후회로 남는 것
세월이 흐르면서
진정 내게 필요한 것이
무엇인가를 알았다네

가장 소중한 것은
건강하게 이웃과 더불어
행복하게 웃을 수 있는 것

작은 것일지라도

남들이 볼 때 지극히 작은 것일지라도
감사하는 마음 가지게 되면
무엇보다 크고 귀한 것으로 보이네

보잘것없는 것들의 소중함이
내 마음속에 기쁨이 되어
커다란 욕심 덩어리 하나씩
떼어내면서 조금씩
본래의 모습으로 변해간다네

내 속에 있는 못된 욕심 덩어리
하나씩 던져버리면
긍정의 에너지가 새순처럼 자라나
마음에 기쁨으로 가득 채워지리

참는 자에게 복이

세상을 살아가면서
하루에 세 번만 참으면 행복해 진다고 한다
아무리 정직하고 올바르게 살려고 노력해도
본의 아니게 고통을 겪기도 하고
때로는 엉뚱한 곤경에 처하기도 하지만
잠깐 한 번만이라도
상대방의 마음을 생각해 본다면
그리고 그 사람의 입장이 되어 본다면
아무리 억울하고 기가 막혀도
견디어 낼 수 있을 것이라 생각하며
참아야지! 참아야지! 참아야지!
세 번만 참으면 살인도 면한다는데
오늘도 강의장 PC에 담아놓은 자료를
누군가 몽땅 지워버린 일이 나를 슬프게 한다
지난해 자주 겪은 자료삭제 행위가
또다시 내 마음을 아프게 하지만
한 번만 또 한 번만 참으려 한다
하늘은 참는 자에게 복을 주시리

인생

인생 그것은 꽃이다

여린 순일 때는
가늘고 작은 흔들림에도
걱정근심 모르고
가만히 서 있으면 되는 줄 알았다

모진 비바람이 스쳐갈 때도
바람막이가 되어주며
어미는
따스한 봄볕이 되어 주었다

하늘 높은 줄 모르고
위로만 올라가면 되는 줄 알았는데
홀로인 채로
낙엽이 되어 떨어지네

5

내 마음의 노래

그대 나를 속일지라도

내가 숨 쉬고 있는 순간은
하늘이 내게 축복하신 날

그대 나를 속일지라도
나는 그대를 미워하거나
원망하지 않으리

부족함을 채우기 위해
거짓을 말한다 해도
지금 내게 남은 작은 것이
너무도 크고 귀중하기에

그대 나를 속일지라도
하늘이 베푸신 풍요로움에
비할 수 있을까

그대 나를 속일지라도
나는 기도하리라
거짓이나 미워하는 것은
나를 소멸하는 것이라고

어머니 기도

새벽마다 찬물에 세수하시고
날마다 하루도 거르지 않고
자식들 이름 제단에 올려놓고
하늘의 뜻대로 살아가면
더 바랄 것 없다고 눈물로 기도하시며
밤이면 아이들 잠든 머리맡에서
호롱불 켜 놓고 더듬거리며
읽어온 성경 말씀이
자식들 앞길에 길이 되고 빛이 되어
인도해 달라며 잔잔한 가락으로 찬송하시며
한결같은 마음과 정성으로
황혼을 맞이하셨던 나의 어머니
천국 가시던 그날도 행여 불효자식이라
흉잡힐까 염려되시어
아픈 몸 참으시며 조용히 며느리 곁에 누워
자는 듯 하늘의 부르심 받고
웃음 지으며 소녀같이 홀연히 떠나신 어머니
기도로 저축한 유산이 얼마이던가
빛으로 걸어온 발자취 몇 만 리인가

믿음의 부자가 된 자녀들
험한 길 위태로운 삶 속에서도 믿음을 지키며
어머니 가신 길 닮아가고 있습니다

어머님 은혜

엄마라고 부르는 게 좋아서
응석부리던 지난날
곱게 빗질한 삼단 같은 머리 비녀 꽂으시고
모시적삼 곱게 다려입고
장날이면 이웃집 아낙들과 함께
장에 갔다 오실 땐
소달구지에 짐 싣고 걸어서 십 리 길
신문종이에 돌돌 말아
들고 오신 엿가락 손에 꼬옥 쥐어 주시며
머리 쓰다듬고 빙긋 웃어 주시더니
보릿고개 넘기실 때는
아이들 배고프고 허기질까 안타까워
누룽지 물 휘이 저어가며
허기를 메우시며 행주치마로
눈물 슬쩍 닦으시며
“눈에 티가 들어갔능갑다”라고
겸연쩍어하시던 울 엄마
이제는 먹을 게 너무 많아
드리고픈 과일도 음식도 지천인데
울 엄마는 보이지 않네

늦었지만 맛나는 음식 대접하려고 해도
그 마음 소용없이 후회만 쌓이네
살아 실제 잘하는 게 그것이 참 효인데
어버이 은혜를 무엇으로 갚으리오
엄마를 불러도 대답 없는 메아리만
가슴을 때립니다

고독한 영혼

예쁜 모습으로 반겨 주던
고운 단풍잎들은 다 떨어져 버리고
썰렁한 보도블록 위엔 찬바람이
낙엽과 함께 뒹굴고 있다

곁에 있어 준 사람들에게
고맙다는 말 한 마디 못하고
투정부리고 짜증내고 불평하며
속마음을 감추고 살아가면서
그렇게 살아도 되는 줄 알았다

미워할 수 없는 사람들이
살아있음에 고마워지는 것은
떠나간 후에 후회로 남을
아픈 삶을 견디기 위함인가

아직도 미워하지 않는다
말 못하는 나의 아집 속에
먼 후일 가슴 시리게
살갗 속으로 파고드는
시린 영혼의 고독이여

노을 속에 핀 꽃

노인대학 발표회가 열리고
노을빛 곱게 물든 강단에
사푼사푼 나비의 춤사위가
시선을 사로잡는다

육순에서 구순의 어르신들
마음에 주름살 보았는가
마음에 늙음이 어디 있나
아직도 마음은 청춘인데

내 나이가 어때서
신명나게 부르는 노랫말에
한 마음 되어 더덩실 춤춘다

일생을 바쳐 온 자식들 생각은 잠시
재능을 발표하는 저 모습은
어린아이보다 더 맑고 고운
천사의 모습이어라
노을 속에 피어난 꽃이여

진정한 사랑

내가 미처 알기도 전에
작은 손잡아 주시며
세상 무엇과도 바꿀 수 없는
내 존재의 의미를 주시고
크고 작은 시련 속에서
근심하며 방황할 때도
하나님의 능력으로 보호하심을
믿음으로 감당하게 하시며
위태한 길을 걸어갈 때나
어둠의 골짜기를 혼자 헤맬 때도
견딜 수 있는 용기와
고난의 막다른 골목에서
연단을 통해 더욱 성숙해 질 때
비로소 당신은 항상 나와 함께
하셨다는 사실을 알았습니다
미련하고 아둔한 몸짓 하나에도
따뜻한 미소로 반겨 주시고
내 존재의 삶의 의미를 주신
하나님은 나의 구원자시요
나의 영원한 사랑입니다

봄 소식

꽃샘추위 속에도
봄은 시나브로 찾아와
형형색색의
곱디고운 빛깔로 꽃을 피운다

인고忍苦의 고통 떨쳐 내고
생명들은 겨우내 닫힌
마음의 빗장 열고
부활의 몸짓으로 다가오면

꽃들의 향기가
잠든 영혼을 깨우는
청량제가 되어
얼었던 마음 녹이는
해빙解氷의 소식이 된다

겨우내 움츠렸던 몸과 마음
훌훌 털어 내고
생명을 활짝 피우라 외치는
자연의 소리 들려오고
온 산천에 봄이 불을 지핀다

갑오년

짭짭한 바다 물이 살갗에 묻고
바람이 가슴으로 스며드는 새벽
영하를 오르내리는 대지는
하늘에서 내리는 이슬을 머금고
새로운 한 해를 만들어 가리라
푸른 바다와 대지가 만난 부산에서는
솟구치는 햇살을 볼 것이다
언제나 파란 들판에는
예쁜 꽃들이 피어나고
마주보는 눈빛이
햇빛에 반사되어
생겨나는 의미를 마음에 담자
가슴 벅찬 갑오년 겸허히 맞자

꽃

하늘이여, 꽃이 되고 싶다
구름이 햇살을 가려
다가갈 수 없지만
우리는 언제나 그 자리
나는 너의 꽃이 되고 싶다

천상의 꽃

밤새 앓던 하늘이 푸른빛을 토하고 있다
은은히 미소 짓는 비너스를 보면
우리 삶의 짧은 역사를 그려야 했나
저 파란 어깨 맞대고 일어서는 들꽃처럼
마음 깊이 새겨진 얼굴
바위를 끌어안은 저 절벽의
연초록 적송 같은 인연
내 가슴속에
굽어 흐르는 강 언덕 저 끝에서
홀로 버티며 남아있는 디딤돌처럼
저렇게 예쁠 수가 없다
손끝에 닿는 보드랍고 촉촉한 살갗
서로 마주보며 푸른 숲을 이룬
나무들의 너그러움 속에서
천상의 그 꽃을 볼 수 있었다

내 마음의 노래

수많은 밤이 가고 또 와도
나는 밤의 숨결을 그리워한다

바람의 속삭임에 한줄기 빛이 들어오게 하고
칼날보다 더 진한 사랑을 느끼며
그렇게 밤은 영원을 바라보게 한다

실상의 아픔을 치유해주는
빗방울이 내 가슴을 때린다

오래도록 사람 손이 닿지 않은 뜰에서
여전히 철따라 놀랍게 꽃 피우는 것을
나는 보았다

하늘과 바다

폭풍이 휘몰아치더니
푸른 바다가 하늘이 되었다
망망한 바다에서
바람은 손을 들어올리고
하늘은 은하에 빛을 뿌리고
언덕의 열린 문간에
생명의 탯줄이 걸린다
실상實狀을 드러내는 이 밤의 순간들
하늘은 얼마나 바다가 그리웠으면
밤마다 이슬 같은 눈물을 흘렸고
한낮에는 소낙비의 심연을
밤이면 외로움의 폭풍을
내 삶을 그리움에 묶어 놓았다

기도

마지막 잎새는 찬바람에 나부끼고
온 산천을 뒤덮는 하얀 눈이
거리를 배회하고 있다
불안 속 걸음을 옮겼던 갇혀버린 새 한 마리
남아있는 시간만큼 삶의 의미를 주고 싶다
영원한 사랑을 위해 기도했었지
날씨만큼이나 나의 마음도 안개가 낀 듯
몹시도 마음이 삭막하고 힘이 들었지
파도의 거친 애무를 받으며
풀 냄새로 익어 가는 정념의 날 되길
기도한다

바다

바다는 하루도 쉬지 않고
하얀 포말과 소금을 만든다
정박한 배는 무거운 짐들을 나르고도
아무 말이 없다

나는 무엇을 위해 살아왔는가
비에 우는 바람을 안고
얼마나 가슴앓이를 했는가

지축을 흔드는 폭풍에도
꿋꿋하게 견뎌온 고뇌의 날들
삶이란 놓을 수도 놓칠 수도 없는 것

끈질기게 빛을 향해 달리는
내 안의 나를 어찌하겠는가

선상 위의 새벽안개가 온몸을 감도는
회색 냄새가 낯설다

인연

눈을 뜨고도 볼 수 없는 바람이
세상을 온통 뒤집어 놓고는 모르는 척
산들바람이 되어 나의 가슴을 스친다
잠 못 이루는 밤의 고뇌를
강물 위로 던져버린 파문波紋
하얗게 온 밤 축제로
태워서 재가 되기 전에 핀 꽃이여

자유

바람이 불면 잎들이 춤을 추고
새들의 노랫소리 심금을 울리누나

바람아 머물러다오
푸른 숲이 내 작은 소망이니까

삶이란
덧없는 것이기도 하지만

새로운 자유를 위해
푸른 초원 위로 날아 보자

햇살

햇살 곁으로 소리 없이 가고 싶어라
못 견디게 외로운 밤
뼛속 깊이 스며드는 아픔
너의 맑은 눈동자 들여다보며
내가 살아있다는 것은
네가 있기 때문이야
불빛 하나 없는
이 적막한 공간에서
혼사반의 고독은
상실된 삶에서
빛을 기다리는 것이니라
조용한 가운데서
비상의 나래를 준비하자
내일의 햇살을 위해

| 해설 |

따스한 꿈을 불러일으키는 창작의 시편들
「일상의 체험과 심상의 표출」

황갑윤
문학박사, 시인, 문학평론가

자연의 노래는 음미할수록 묘한 울림이 일어나고, 이것은 끝내 심금을 울린다. 시인은 하나의 의미를 위해 '시' 라는 형식에 자기를 용해하여 공존의 세계를 만들어 나가야 한다. 이는 언어의 가능성을 위한 길을 확보했을 때 이루어지는 세계와 같지만 이런 세계를 만나는 것은 끊임없는 열망의 반복과 무아의 경지에 이르면서 정화의 세계를 구축해가는 가장 확실한 공존의 세계를 인도할 때 독자 앞에 감동의 신앙이 될 수 있다.

표애자 시인의 두 번째 시집 「파아란 떨림으로」 시편은 낯설음과 허망함이 단절과 교접되어 절규 같은 울음이거나 빗물의 흐름으로 해석된다. 일반적으로 좋은 시란, 외연과 내포의 양극에서 모든 의미를 통일한 것으로 인생의 표현이며 생명의 재해석이어야 한다. 이 점에 있어 정감적 미와 생명외경의 엄숙성을 통해 신선한 감동을 충격적으로 회복시켜주는 표애자 시인의 시편에서 정신적 재현의 충위가 아니라, 꿈틀거리는 반란에 당혹하는 유혹誘惑처럼 때로는 해체되고 재창조되는 생명적인 기억으로 변형되는 시적 매력이 정서적 양감量感에 해당되며 심오한 사유에 의해 새로운 감성을 만들었을 때 감동의 누선을 자극하게 된다. 영혼마저 마비시켜 오지만 파아란 떨림으로 하얀 꽃망울 피워 낸다. 이와 같이 아늑함 속에서 기다림을 키우는 넉넉한 여유를 바라보는 즐거움이 표애자 시인의 작품에서 느끼는 아름다움이다.

손가락 끝으로 전해져 오는
아름다운 인연으로
마음은 하나 되어 꿈길을 거닌다
만학의 새순들이
바위를 깨며, 가시덤불을 헤치고
한걸음 두걸음 힘겨운 행진을 한다
황사가 갑자기 몰아닥쳐
캄캄한 밤처럼 시야를 흐려 놓아도
마른 등치를 부둥켜안고
보이는 듯 보이지 않게

작은 순들은 뿌리를 내리고 있었다
안고忍苦의 세월 속에
무디어져 가는 육신의 퇴락은
영혼마저 마비시켜 오지만
파아란 떨림으로
하얀 꽃망울 피워 낸다

—「파아란 떨림으로」 전문

고통을 느낀다는 것은 간절한 진실함이 가슴에 남아있기 때문이다. 사람은 자의 본질을 잊을 때가 많다. 중요한 것은 살아가면서 끝까지 포기할 수 없는 것이 하나 있다면, 그것은 우리들의 꿈을 잃지 않는 것이다. 희망의 상실은 우리를 아득한 절망의 나락으로 떨어뜨릴 테니까 지금도 컴퓨터의 자판을 두드리며 하나하나 배워가는 만학의 제자들의 손끝에서 전해져 오는 인연의 마음은 하나 되어 꿈길을 거닐 수 있다는 것은 힘든 강의를 하면서 하나하나 배워가는 학생들의 모습을 보는 교수로서 얼마나 힘든 일을 하고 있다는 것조차 잊고 있다는 것은 학생들을 가르치는 기쁜 마음이 있기 때문이다. 또한 바위를 깨며, 가시덤불을 헤치며 힘겹게 배워가는 인고忍苦의 만학 새순들을 보면 얼어붙었던 마음이 따뜻해진다.

얼음장 밑에 숨어있던
임춘立春의 햇살이
수줍은 가슴을 활짝 열고
대지를 향해 나래를 편다
봄의 전령들이 일어나
숲과 나무들 틈새를 비집고
입맞춤하며 고개를 든다
겨우내 가두어 두었던
내 속에 쓸모없는 욕심 따위는
땅속에 묻어버리자
내가 죽어 숲이 무성할 수만 있다면
땅에서 생명 터지는 소리 들리고
바다가 출렁인다
아름다운 교향곡을 연주한다
봄은 생명 있는 것들의 희망
어둠을 헤치는 용기와 빛으로
온 세상 사람들의 꿈을 담아
벅찬 설렘으로 다가온다

–「봄의 교향악」 전문

자연은 인간에게 모든 것을 주므로 인간은 받을 수밖에 없는 은혜를 받았다. 산마다 나무들 봄의 경작이 시작되자 나뭇가지들 화끈거린다. 얼음장 밑에 숨어있던 입춘立春의 햇살이 수줍은 가슴을 활짝 열고 대지를 향해 나래를 편다. 꽃들이 폭죽을 터뜨릴 때, 봄은 겨울 하늘을 가로지르고 있겠지만 문풍지에 번지는 먹물처럼 입 안 가득 화끈거리는 박하사탕처럼 그렇게 몸 안으로 봄은 스며들고 있다. 표애자 시인의 「봄의 교향악」은 그 시어가 지닌 뜻에서만 생각하면 단순한 것 같지만 기존의 시어에 핵심적인 의미를 부여하였기에 비유와 은유가 독자에게 잘 전달되고 있다. 또한 「쓸모없는 욕심 따위를 땅속에 묻어버리고 내가 죽어 숲이 무성할 수만 있다면 그렇게 하고 싶다」는 독백, 두꺼운 껍질 속에서 연녹색 잎과 꽃을 틔우는 것을 보면, 시편 속에서 마치 나무도 겨울동안을 기다리다 남풍을 만나 아기를 낳는 것이 아닐까 하는 메시지가 좋다.

항상 곁에 계실 줄만 알았던
늘 푸른 소나무 같은 싱싱한 웃음
천사 같은 손에서 따스한 봄볕이었다
민들레 홀씨마냥 일렁이는 어머니
김장김치 척척 찢어 입에 넣어주시던
짭조름한 젓갈 냄새가 그립다
앓아누운 딸을 위해 밤새 지켜주며
이마에 차가운 물수건 올려주신 그 정성

무엇과도 바꿀 수 없는 내 유년
젖가슴에 얼굴을 부비며 맡던 살냄새는
어떤 향수보다 좋았다. 어머니 이제
어미가 된 어린 딸은 어린것을 품에 안고
어머니를 닮아가고 있습니다
하늘에 기도하시던 당신의 소원
끝없는 희생으로 바친 사랑이
열매로 영글어 가는 것은
당신의 그 사랑이 있었기에
가슴 저려 명치끝이 아려옵니다

– 「어머니」 전문

불효자를 용서하는 어머니는 성인聖人이시다. 어머니의 사랑은 척박한 대지에 피운 사랑의 꽃이라고 한다. 어머니가 돌아가실 때 시신을 생각하면 백지장처럼 희다 못해 푸른빛의 쓸쓸한 어머니 얼굴을 어찌 잊을 수가 있겠는가. 「김장김치 척척 찢어 입에 넣어주시던 짭조름한 젓갈 냄새가 그립다」는 시인의 시편에는 어머니! 하고 부르면 금방 눈을 뜨시고 애자야 하며 찾으실 것 같은 감동을 준다. 이렇게 한번가면 다시 돌아오지 못한다는 것을 생각하면 살아생전에 좀 더 잘해 드리지 못한 것을 사무치게 후회하고 있는 작가는 「어머니 이제 어미가 된 어린 딸은 어린것을 품에 안고 어머니를 닮아 가고 있습니다」「끝없는 희생으로 바친 사랑이 / 열매로 영글어 가는 것은 / 당신의 그 사랑이 있었기에 / 가슴 저려 명치끝이 아려옵니다」라고 독백하는 표애자 시인은 삶의 고뇌와 행복을 자유롭게 잘 표현한 작품이다.

나목裸木의 가지에
흰 눈이 활짝 피었다
겨울인 줄 알았더니
발끝에서 흐르는 전율이
깊은 땅속에 새싹을 만났다

비가 온다
고개 내민 촉수에 향긋한
향기가 하늘로 솟구친다

어제가 오늘이고
오늘이 어제인가 보다
하늘이 땅이 되었고
땅이 바다가 되었다

그 속에는 많은 사연들이
춤을 추고 있다

꽃비가 내리는 날에는
나목에도 촉수가 솟아오를 거야

—「나목裸木」 전문

나목裸木은 아름답다. 양산 통도사 가는 입구를 지나면 울창한 나무들이 많다. 그 많은 나무들 중에서도 나목이 황량이 서 있는 것을 본다. 한 점 예술작품의 모습과도 같은 나목. 살아생전에 그 푸르름 하나만으로 사람들의 부러움과 시기 질투를 받았는데 이제 겨울이 되어 잎이 다 떨어져서 가지만 앙상하게 남아있는 나무. 어쩌다 눈이라도 내리면 나목은 하얀 눈꽃을 피운다. 가지를 치지 않은 앙상한 나목이 겨울임을 알려 준다. 표애자 시인은 나목을 바라보면서 저 나목도 봄이 되면 잎과 꽃을 피운다. 우리는 현재보다 미래를 생각하면 삶을 영위하고 싶다는 것을 말하고 있다. 「겨울인 줄 알았는데 깊은 땅속에서 새싹을 만났다」 무엇이 되건 나는 나의 의지가 미래에 존재할 것이다. 나무나 바람이나 물로써 좋은 것만 생각하고 한평생을 산다면 비현실적이지만 그런 인생도 아름답다고 생각을 한다. 시인은 무엇으로 사는가. 사람들이 위안이 된다는 술이나 담배도 아니고 또 이 험난한 세상을 버티고 살아갈 수 있을까 자문할 때가 있다. 표애자 시인은 하나님을 믿은 종교

인이기에 방패만으로도 세상에 맞설 수 있으며, 넘을 수 없는 한계상황도 뛰어넘을 수 있을 것이다. 우리의 삶 속에서 그때가 되면 꽃비가 내리고 나목에서도 촉수가 솟아오를 것이라는 희망의 메시지가 좋다.

삶이 고달프고 힘겨우면
사랑이란 말을 가슴에 담고
아무 이유 없이 좋아했던 그 순간을
기억하며 길을 걸어보세요
사랑은 미움과 저울질하며
평행을 맞추어 가는 것
햇볕 따스한 날도
비바람 폭풍우 몰아치는 날에도
육신의 고통으로 주저앉고 싶을 때
밤하늘을 올려다보며
별을 세며 걸어가 보아요
사랑은 아픔도, 슬픔도, 절망도,
견딜 수 있는 힘을 주니까요

–「사랑」 전문

시인은 이 작품 속에서 자신에 대한 사랑의 발견은 하나의 희망이요. 등불이라고 토설吐說하고 있다. 혼탁한 세상일수록 더불어 살아가야 한다며 그 넉넉한 품이 되고자 한다. 그 첫걸음은 시인의 자성에서 시작된다. 시인은 우리 삶을 억압하는 요소들에 대해 분노하고 있지만 한편으론 줄곧 자기 자신을 들여다보고 있었던 것이다. 「사랑은 미움과 저울질하며 평행을 맞추어 가는 것」 「사랑은 아픔도, 슬픔도, 절망도, 견딜 수 있는 힘을 주니까요」 사랑, 시인에게 있어 불꽃같은 생의 결정체이기 때문에 세간의 얼룩이 스며들 여지가 없다. 지나간 사랑을 가슴에 묻고 또 다시 꿈꾸는 사랑에의 그리움 기어코 목숨을 다해야만 끝나는 사랑, 그것은 삶의 진리가 아닐까. 이 작품의 특징은 원근법에 의한 사랑의 조정법을 쓰고 있다. 사랑하는 이에 대한 원근법으로 사랑의 대상을 조명해 보이고 있는 작품으로서 때로는 너무 가까이 있어 사랑을 느끼지 못하는 서운함 때로는 너무 멀리 떨어져 있어 무관심의 대상으로 전락할 때의 모습을 나타낼 지라도 항상 그대 곁에 머무르는 사람이 되겠다는 표애자 시인의 작품은 구석구석에 꿈틀대고 있는 것들을 볼 수 있다.

앞으로 각고의 노력으로 더욱 훌륭한 작품들을 발표하기 바라며 두 번째 시집 「파아란 떨림으로」 상재上梓를 축하한다.

파아란 떨림으로

지은이 표애자

인쇄일 2014년 10월 15일
발행일 2014년 10월 20일

펴낸이 박철수
펴낸곳 도서출판 해암

등록번호 제325-2001-000007호
주소 부산시 중구 백산길 17 삼성빌딩 702호
전화 051)254-2260, 2261
팩스 051)246-1895
전자우편 haeambook@hanmail.net

값 10,000원

ISBN 978-89-6649-058-5 03810